PEPINILLOS Y REZOS

Por Bethany Marshall
Ilustrado por Sarah Vogel

Pepinillos y Rezos
Derechos de Autor 2019 por Bethany Marshall

Todos los derechos reservados. Ninguna parte de este libro puede ser reproducido, restaurado en un sistema de recuperación, o transmitido, en ninguna forma o por cualquier modo electrónico, mecánico, fotocopia, grabado o ninguna otra manera sin permiso escrito del propietario de los derechos de la dueña. Todo el énfacis de las citas de escrituras bíblicas son solamente de la autora.

Ilustrado por Sarah Vogel

Traducido por Jorge y Ania Aguero

ISBN: 978-1-7343431-2-0 (Libro impreso)
　　　　978-1-7343431-3-7 (Libro electrónico)

Impreso en los EU

Este libro es dedicado
al amor de mi vida, Micah Marshall,
y mi familia, que me apoyan,
me aman y rezan por nosotros fielmente.

CUANDO **REZAMOS,** ES COMO UNA **SEMILLA.**

LA **PLANTAMOS,**

PORQUE SABEMOS NUESTRAS **NECESIDADES.**

LA FÉ PUEDE TOMAR **TIEMPO** EN **CRECER,**

PERO DESPUÉS DE UN **TIEMPO**
COMIENZA A **MOSTRARSE**.

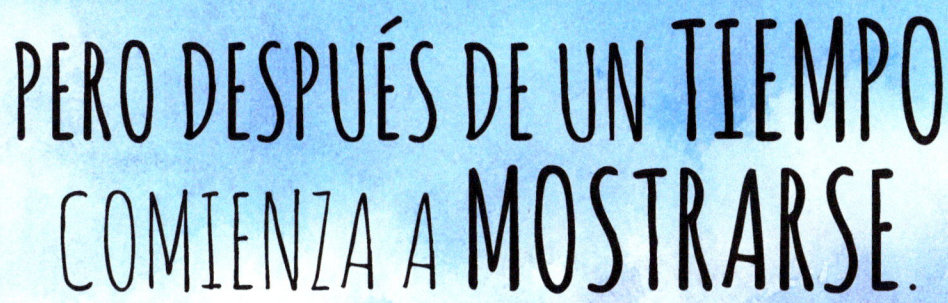

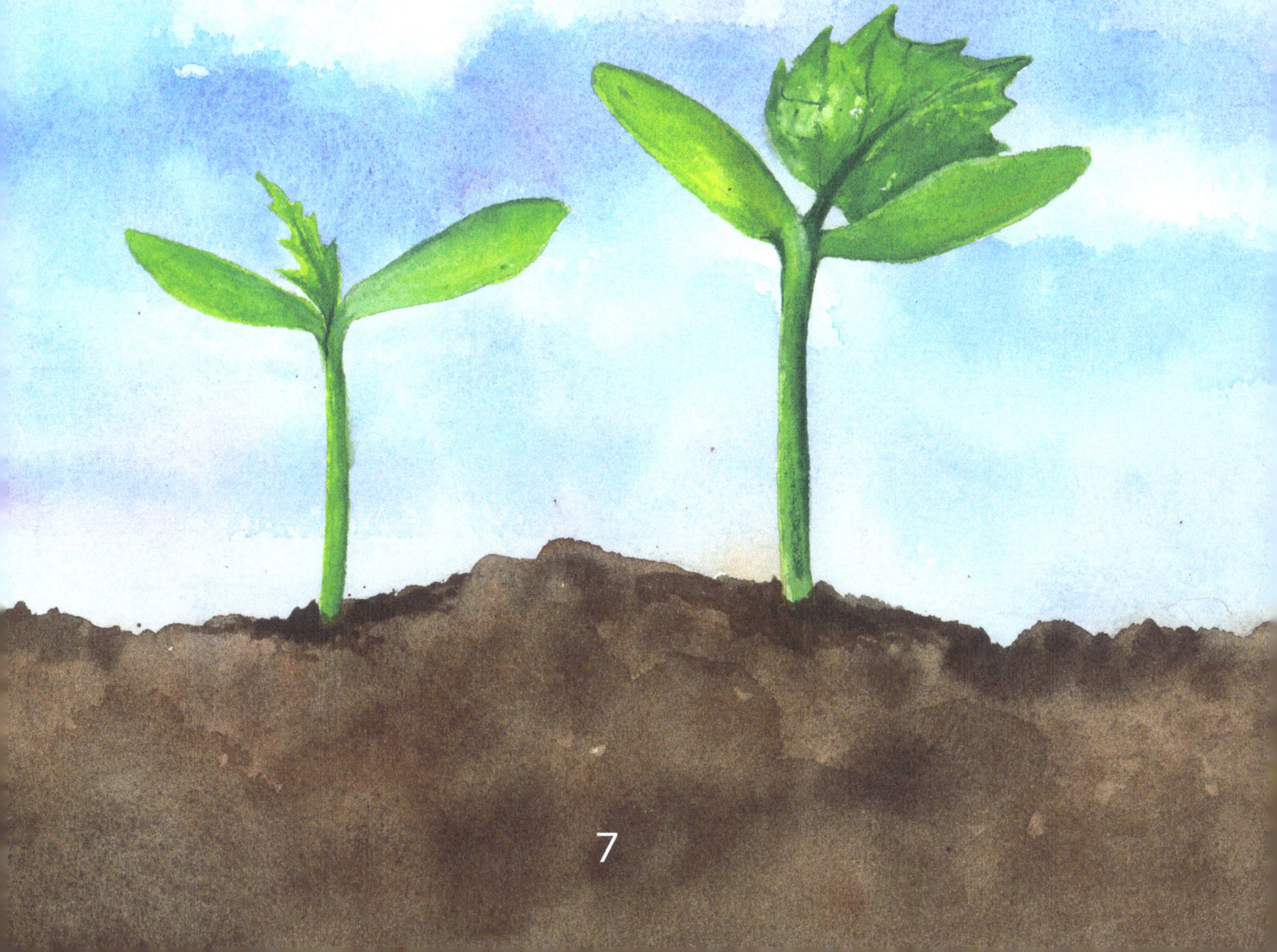

PRONTO UN RETOÑO, Y DESPUÉS LAS FLORES!

ESPERAMOS **MÁS** Y **MÁS LLUVIAS** DE PRIMAVERA!

NO PASARÁ MUCHO TIEMPO HASTA QUE LLEGEN AQUÍ:

CUANDO REZAMOS

VEMOS UN PROCESO,

Como **SEMBRANDO**, después **ESPERANDO** y **MIRANDO** el progreso.

ASÍ QUE TEN
CONFIANZA Y ESPERANZA
— COMO LA **SEMILLA!**

A SU PROPIO TIEMPO CRECERÁ, Y EN LA CORRECTA TEMPORADA SE MOSTRARÁ.

PEPINILLOS Y REZOS
ES TODO LO QUE NECESITAS;
SOLAMENTE RECUERDA,
QUE ES COMO UNA SEMILLA.

UN REZO DE PEPINILLO

SEÑOR, YO SE QUE TU VES MI NECESIDAD
Y ME HAS DADO FÉ PARA CREER.

REZO QUE TU VOLUNTAD SE HAGA HOY,
EN LOS CORAZONES Y VIDAS DE LAS PERSONAS.

SEÑOR, TU AMOR ES GRANDE Y PODEROZO,
SUFICIENTEMENTE PARA LLEVARNOS
A TODOS A LO LARGO.

ME DAS PACIENCIA MIENTRAS YO ESPERO,
Y SE QUE LO QUE ESTÁS HACIENDO ES GRANDE!

YO REZARÉ Y NUNCA OLVIDARÉ
QUE COMO ESAS SEMILLAS,
MI NECESIDAD SERÁ SATISFECHA.

AMÉN.

PEPINILLOS REFRIGERADOS

Estos pepinillos saben muy frescos y tienen la cantidad correcta de aneldo y ajo. También puede cortar los pepinos en lanzas si los prefiere lanzeados. Los pepinillos deben durar por seis semanas. Disfrútelos!

Ingredientes:
3 1/2 tazas de agua
1 1/4 taza de vinagre blanco
1 cucharada de azúcar
1 cucharada de sal de mar
4 tazas de pepino cortados en lanzas
2 dientes de ajo
2 cabezas de aneldo fresco

Direcciones:
Prep: 10 m | Cocinar: 15 m | Listo en 3 días

Revolver el agua, vinagre, azúcar, y sal de mar juntos en una cacerola sobre calor alto. Llevar al herbor. Quítelo de la candela y déjelo enfriar completamente.

Combine los pepinos, los dientes de ajo, y el aneldo fresco en un pomo de cristal o plástico. Agrége la mezcla de vinagre enfriada sobre la mezcla de los pepinos. Cierre el pomo y póngalo en el refrigerador por tres días.

Factores nutritivos: Por porción: 13 calorias

- Grasa: 0.1 g
- Carbohidratos: 3.1 g
- Proteína: 0.4 g
- Colesterol: 0 mg
- Sal: 444 mg

Acerca de Bethany Marshall

Bethany es la fundadora y directora de la Conferencia de Hijas, una conferencia nacida de su corazón para niñas adolescentes. Bethany actualmente vive en Altoona, Pennsylvania, con su esposo, Micah, y su salteador perro boxer, Timber. Bethany disfruta de tomar café, comprar buenas ofertas, y ha amado los pepinillos desde que era una niña pequeña.

Acerca de Sarah Vogel

Sarah Vogel es una artista autodictada, empresaria, y dueña de La Taza de Arzilla en Altoona, Pennsylvania. Ella y su esposo, Jeremy, son amantes sinceros de la cocina y disfrutan cocinar y explorar nuevas comidas juntos. Ella principalmente usa acuarela, lápices de colores y tinta. Su tema favorito para pintar es uno con los que todos podemos relacionar—la comida!

www.ingramcontent.com/pod-product-compliance
Lightning Source LLC
Chambersburg PA
CBHW041122070526

44584CB00002B/249